KB193729

쓰면서 깨치는

법구경 사경 ⓗ

쓰면서 깨치는 **법구경 사경 (하)**

찍은날 | 2021년 03월 08일
펴낸날 | 2021년 03월 15일
엮은이 | 정의행
펴낸이 | 김지숙
펴낸곳 | 북도드리
등록번호 | 제2017-88호

주소 | 서울특별시 금천구 가산디지털2로 98,
        B212호 (가산동, 롯데IT캐슬)
전화 | (02)868-3018
팩스 | (02)868-3019
전자우편 | bookakdma@naver.com
ISBN 978-89-86607-95-6 03220

값 5,000원
* 잘못된 책은 바꾸어드립니다.

쓰면서 깨치는

법구경 사경 하

정의행 엮음

북도드리
도서출판

일러두기

● 한문본 법구경에서 대개 교육용 한자 1800자 범위 내의
  한자로 이루어진 게송(시)을 가려 뽑아 엮었습니다.
● 법구경에서 주제별로 가장 중요하고 아름다운 게송들을
  가려 뽑아 엮었습니다.
● 책의 하단에 게송의 원문과 우리말 번역문을 싣고, 게송
  과 관련된 부처님의 일화를 법구비유경에서 간추려 실
  었습니다.
● '사경하는 방법'과 '한자를 잘 쓰는 요령'을 읽어보고
  한 글자 한 글자 정성스럽게 쓰시기 바랍니다.

〈쓰면서 깨치는 법구경 사경〉을 엮으며

법구경(法句經)은 부처님의 시집입니다. 법구경에는 부처님께서 고통과 번뇌에 시달리는 이들을 깨우쳐 주기 위해 들려주신 간절한 진리의 시구(詩句)가 가득합니다. 그래서 예로부터 많은 이들이 법구경을 애송하여 왔습니다.

쉬우면서도 심오하고 아름다운 법구경의 시들은 불자들에게 인생의 좌우명이 되어줄 뿐만 아니라, 불교를 처음 접하는 이들에게도 좋은 길잡이가 되어줍니다. 실로 불교의 금언집(金言集)이라 해도 지나친 말이 아닙니다.

그래서 법구경은 오랜 세월 기독교 문화권이었던 서구에서조차 영어, 프랑스어, 독일어, 라틴어 등으로 번역되어 널리 읽혀져 왔습니다.

법구경은 고대 인도말인 빠알리어로 '담마파다' 라고 합니다. '담마' 란 '진리' 이고, '파다' 란 '말씀' 이라는 뜻입니다. '담마파다' 는 곧 '진리의 말씀' 이라는 뜻입니다.

법구경에 담겨 있는 진리의 시들은 부처님께서 일시에 읊으신 것이 아니라, 사람들에게 어떤 문제가 발생했을 때마다 그 문제를 스스로 해결할 수 있도록 깨우치고자 들려 주신 시들입니다. 그러므로 한 구절 한 구절에 당시 사람들의 애환과 사연이 담겨 있고, 부처님의 생생한 교화(敎化)의 일화가 담겨 있습니다. 부처님의 가르침에 따라 수행(修行)을 한 제자들의 이야기가 담겨 있기에 감동이 더욱 큽니다.

이 책은 법구경의 시구를 직접 써 보며 부처님의 진리를 가슴에 새길 수 있도록 엮었습니다. 특히 청소년들도 즐겁게 쓸 수 있도록 마음썼습니다. 아무쪼록 모든 분이 법구경을 쓰고 읽은 공덕으로 마음의 평화와 깨달음을 얻으시기를 기원합니다.

엮은이 손 모음

차 례

법 구 경

이야기로 듣는 법구경

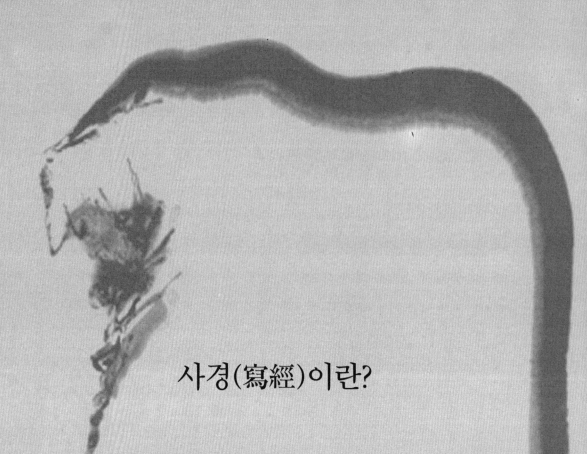

사경(寫經)이란?

'사경(寫經)' 이란 부처님의 가르침이 담긴 경전을 베껴 쓰는 일입니다.

우리 조상들은 부처님의 가르침을 널리 전하기 위해서뿐만 아니라 모든 생명들과 부모님을 위해 기원하며 정성껏 사경을 했습니다. 박물관에 가 보면 우리 조상들이 사경한 경전들을 볼 수 있습니다.

우리 조상들은 한 글자 한 글자 쓸 때마다 부처님께 삼배(三拜)를 올렸다고 합니다. 오늘날 꼭 그대로 하지 못할지라도 그러한 정성으로 사경을 한다면 마음의 바다가 저절로 맑아져 깨달음의 달이 환하게 비칠 것입니다.

사경을 하면 어떤 점이 좋을까?

1. 마음이 집중된다.
2. 마음이 편안해진다.
3. 마음이 맑아진다.
4. 번뇌가 사라져 지혜로워진다.
5. 부처님 가르침을 바르게 이해하게 된다.
6. 한문 실력이 좋아진다.
7. 글씨를 잘 쓸 수 있게 된다.
8. 매일 시간을 정해 사경을 하면 차분해지고 부지런해진다.
9. 부처님의 돌보심을 입어 고통 번뇌가 사라지고 소원이 성취된다.
10. 깊은 믿음과 굳건한 신념이 생긴다.

사경하는 방법

1. 몸과 입과 마음가짐을 깨끗이 한다.
2. 환경을 정돈한다.
3. 바르게 앉아 호흡을 가다듬는다.
4. 합장하고 '개경게'를 읽는다.(11쪽 참고)
5. 펜을 잡고 한 글자 한 글자 베껴 쓴다.
6. 한 줄 쓰고 난 뒤 합장하거나 삼배를 올리고 다시 사경을 한다.
7. 사경을 마친 뒤 사경 날짜와 이름을 쓴다.
8. 이웃과 겨레, 모든 생명들을 위해 부처님께 발원을 한다.(개인 발원 또는 회향 발원문 읽기 : 111쪽 참고)
9. 손수 쓴 경전을 들고 소리 내어 읽는다.
10. 부처님께 삼배를 올린다.
11. 완성된 사경을 다른 사람에게 선물하거나 부처님께 올린다.

한자를 잘 쓰려면

1. 바른 자세로 정성껏 써야 바른 글씨를 쓸 수 있다.
2. 펜은 45도, 볼펜이나 연필은 50도 정도 기울게 잡고 쓰는 것이 좋다.
3. 펜이나 연필을 너무 눌러 쓰지 않는 것이 좋다.
4. 필순(글자를 쓰는 순서)에 맞게 써야 쉽고 바르고 모양새 있게 쓸 수 있다.

한자의 필순

1. 2대 원칙
(1) 위에서 아래로 쓴다.　　　　　　　➔ 三 : 一 二 三
(2) 왼쪽에서 오른쪽으로 쓴다.　　　　➔ 川 : ノ 丿 川

2. 일반적인 원칙
(1) 가로 획을 먼저 쓴다.　　　　　　➔ 十 : 一 十
(2) 가운데를 먼저 쓴다.　　　　　　➔ 小 : 亅 小 小
(3) 바깥을 먼저 쓴다.　　　　　　　➔ 火 : 丶 丶 丷 火
(4) 꿰뚫는 획은 나중에 쓴다.　　　➔ 中 : 丨 冂 口 中
(5) 삐침을 먼저 쓴다.　　　　　　　➔ 九 : ノ 九
(6) 오른쪽 위에 있는 점은 나중에 쓴다.　➔ 犬 : 一 ナ 大 犬
(7) 받침이 ㉠ 독립자 일 때는 먼저 쓰고,　➔ ㉠起 : 走 起
　　㉡ 독립자가 아닐 때는 맨 나중에 쓴다.　　㉡近 : 斤 近

개경게(開經偈 : 경전을 여는 게송)

가장 높고 깊고 묘한 부처님의 가르침은
백천만 겁 지나도록 만나 뵙기 어려운데
제가 지금 보고 듣고 받아들여 지니오니
부처님의 진실한 뜻 깨닫고자 하옵니다.

諸	惡	莫	作		諸	善	奉	行	
모든 제	나쁠 악	말 막	지을 작		모든 제	착할 선	받들 봉	행할 행	
諸	惡	莫	作		諸	善	奉	行	
諸	惡	莫	作		諸	善	奉	行	
諸	惡	莫	作		諸	善	奉	行	

22. 부처님   諸惡莫作　諸善奉行

나쁜 짓을 하지 말고
좋은 일을 받들어 하며

12

自	淨	其	意		是	諸	佛	敎	
스스로 자	맑을 정	그 기	뜻 의		이 시	모든 제	부처 불	가르칠 교	
自	淨	其	意		是	諸	佛	敎	
自	淨	其	意		是	諸	佛	敎	
自	淨	其	意		是	諸	佛	敎	

自淨其意　是諸佛敎

자기 마음을 맑히라는 것이
모든 부처님의 가르침.

부처님을 만나고도 지나친 사람

부처님이 깨달음을 얻고 나서 바라나시로 가시다가 길에서 '우호'라는 브라만을 만나셨다. 그는 집을 떠나 도를 배우고 있는 사람이었는데, 부처님의 거룩한 모습을 보고 감탄하며 말했다.

"참 위엄있고 거룩한 모습입니다. 어떤 스승을 섬겨 그런 모습을 얻었습니까?"

부처님은 그에게 시(詩)로 대답하셨다.

내가 수행할 때
욕망의 그물을 찢어버리고
스승의 보호도, 벗도 없이
하나하나 진리를 깨달았다네.

"고오타마여, 어디 가십니까?"

"나는 바라나시로 가서 진리의 북을 두드리고 위없는 진리의 수레바퀴를 굴리려 합니다."

"훌륭하십니다. 그 말대로 사람들에게 진리를 말씀해 주십시오."

우호는 부처님께 이렇게 인사치레만 하고 곧 지나가 버렸다. 그러나 그는 목적지에 도착하기도 전에 그날 밤 갑자기 죽고 말았다.

부처님은 그가 죽은 것을 아시고 가엾이 여기며 이렇게 말씀하셨다.

"어리석은 사람, 목숨이 항상 있을 거라고 믿고 붓다(깨달은 이)를 보고도 그냥 가버리더니 혼자서 죽고 말았구나. 진리의 북이 울려도 혼자서 듣지 못하고, 괴로움을 없애는 감로(甘露)가 있어도 혼자서 맛보지 못하는구나."

부처님은 안타까운 마음으로 시를 읊으셨다.

진리를 깨닫고 티 없이 깨끗해져
다섯 갈래 세계의 연못을 이미 건넜네.
깨달은 이 나와서 세상을 비추는 건
뭇 생명의 괴로움을 없애기 위해서일세.

사람 세상에 태어나기 어렵고
태어나도 오래 살기 어렵네.
이 세상에 깨달은 이 나오가 어렵고
깨달은 이의 가르침 듣기 어렵네.

- 〈법구비유경〉에서

勝	則	生	怨		負	則	自	鄙	
이길 승	곧 즉	낳을 생	원한 원		질 부	곧 즉	스스로 자	더러울 비	
勝	則	生	怨		負	則	自	鄙	
勝	則	生	怨		負	則	自	鄙	
勝	則	生	怨		負	則	自	鄙	

23. 평화   勝則生怨　負則自鄙

이기면 원한을 낳고
지면 스스로 비루하네.

16

去	勝	負	心		無	爭	自	安	
버릴 거	이길 승	질 부	마음 심		없을 무	다툴 쟁	스스로 자	편안할 안	
去	勝	負	心		無	爭	自	安	
去	勝	負	心		無	爭	自	安	
去	勝	負	心		無	爭	自	安	

去勝負心　無爭自安

이기고 지는 마음을 버리면
다툼 없이 저절로 편안해지네.

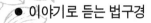

내 인생은 늘 편안하다오

　부처님이 언젠가 라자그리하성에 계실 때의 일이다. 성 밖 동남쪽에 오백여 호의 산마을이 있었는데, 그 마을 사람들은 매우 억세어 교화하기가 어려웠다.
　그래서 부처님은 비렁뱅이 수행자의 모습을 하고 그 마을에 가셨다. 밥을 빌어 드시고 나서 마을 밖으로 나와 나무 아래 고요히 앉으셨다. 그리고는 이레 동안이나 기침도 하지 않고 숨도 쉬지 않고 움직이지도 않으셨다.
　마을 사람들은 그 모습을 보고 죽은 줄로 여기고는 땔나무를 가지고 와서 불을 붙였다. 그런데 불이 다 타자, 부처님이 자리에서 일어나셨다. 그 순간 온 누리가 환하게 밝아졌다. 부처님은 다시 나무 아래 고요하고 편안하게 앉으셨다. 마을 사람들은 어른 아이 할 것 없이 모두 깜짝 놀라 머리를 조아리며 사죄했다.
　"저희들이 산골 촌놈이라 무식해서 신인(神人)을 몰라보고 함부로 몸에 불을 붙였습니다. 저희가 큰 산보다 무거운 죄를 지었습니다만 자비를 베풀어 용서해 주십시오. 혹시 다치신 데는 없으십니까? 배고프거나 목마르시지는 않습니까? 고통은 없으십니까?"
　그러자 부처님은 온화한 얼굴로 웃음을 머금고 다음과 같은 시를 들려주셨다.

　원망하는 이들 속에서 원망하지 않으니
　내 인생은 늘 편안하다오.
　사람들은 걸핏하면 원한을 품지만
　나는 아무런 원한이 없다오.

　병든 이들 속에서 병들지 않으니
　내 인생은 늘 편안하다오.
　사람들은 누구나 병이 있지만
　나는 아무런 병이 없다오.

근심하는 사람들 속에서 근심 없으니
내 인생은 늘 편안하다오.
온 나라를 태우는 불도
나를 태울 수 없다오.

　마을 사람들은 이 시를 듣고 너도나도 부처님을 따라 수행자가 되어 도를 깨쳤다. 그리고 어른 아이 할 것 없이 모두 부처님과 진리와 승가*를 믿게 되었다.

- 〈법구비유경〉에서

*승가 : 부처님의 가르침을 따라 수행하는 이들의 공동체.

貪	慾	生	憂		貪	慾	生	畏	
탐할 탐	욕심 욕	낳을 생	근심 우		탐할 탐	욕심 욕	낳을 생	두려울 외	
貪	慾	生	憂		貪	慾	生	畏	
貪	慾	生	憂		貪	慾	生	畏	
貪	慾	生	憂		貪	慾	生	畏	

24. 기쁨　　　　　貪慾生憂　貪慾生畏

탐욕은 근심을 낳고
탐욕은 두려움을 낳네.

解	無	貪	慾		何	憂	何	畏	
풀 해	없을 무	탐할 탐	욕심 욕		어찌 하	근심 우	어찌 하	두려울 외	
解	無	貪	慾		何	憂	何	畏	
解	無	貪	慾		何	憂	何	畏	
解	無	貪	慾		何	憂	何	畏	

解無貪慾　何憂何畏

탐욕에서 벗어나면
무슨 근심, 무슨 두려움 있으랴.

21

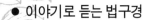

세상에서 가장 즐거운 것

부처님이 사밧티에 계실 때의 일이다. 새로 배우는 비구(출가수행자) 네 사람이 함께 벚나무 아래서 좌선(坐禪)하며 수행하고 있었다.

벚꽃이 한창이라 빛깔이 좋고 향기로웠다. 그들은 그 꽃을 보며 이야기를 나누었다.

"세상 모든 일 중에 가장 즐거운 것이 무엇일까요?"

한 사람이 말했다.

"지금처럼 꽃 피는 봄날, 들에 나가 노는 것이 가장 즐겁지요."

다른 사람이 말했다.

"친척들이 좋은 일로 한데 모여 술잔을 나누면서 춤추고 노래하는 것이 가장 즐겁지요."

또 한 사람이 말했다.

"재산을 많이 쌓아 두고, 하고 싶은 것을 마음대로 하는 게 가장 즐겁지요. 남다른 수레와 말을 타고 좋은 옷 입고 나들이 하면 멋있잖아요."

또 다른 사람이 말했다.

"아름다운 부인들이 고운 옷 차려입고 향기를 피우면 그들과 마음껏 즐기고 노는 것이 가장 즐거운 일이지요."

부처님은 그 비구들이 아직도 덧없는 욕망을 버리지 못하고 있음을 아시고 네 사람을 불러 물으셨다.

"나무 아래 앉아서 무슨 이야기를 나누었는가?"

네 사람이 사실대로 말씀드리자, 부처님이 말씀하셨다.

"그대들이 즐거운 일이라고 말한 것들은 모두 근심스럽고 무섭고 위태로운 일이다. 그런 일들은 영원하지 않기에 가장 즐거운 일이 될 수 없다. 만물은 봄에 무성해도 가을 겨울이 오면 시들게 마련이고, 친척들과 아무리 즐겁게 놀아도 헤어지게 마련이다. 재산과 보물, 수레와 말도 모두 언젠가는 없어지고 말 것이고, 부인들의 아름다움도 사랑과 미움의 근본이 될 뿐이다. 그래서 비구는 덧없는 세상

22

을 버리고 깨달음의 길을 찾는 것이다. 부귀영화와 이익을 탐하지 않고 모든 괴로움이 사라진 열반에 이르는 것이야말로 가장 즐거운 것이다."
　부처님은 그들에게 다음과 같은 시를 들려주셨다.

　애착하고 기뻐하는 데서 근심이 생기고
　애착하고 기뻐하는 데서 두려움이 생긴다.
　애착하고 기뻐하는 것이 없다면
　무슨 근심과 두려움이 있겠는가.

　좋아하고 즐기는 데서 근심이 생기고
　좋아하고 즐기는 데서 두려움이 생긴다.
　좋아하고 즐기는 것이 없다면
　무슨 근심과 두려움이 있겠는가.

　탐욕에서 근심이 생기고
　탐욕에서 두려움이 생긴다.
　마음이 해탈하여 탐욕이 없다면
　무슨 근심과 두려움이 있겠는가.

　진리를 탐하고 계율을 지키며
　지극히 진실하여 부끄러움을 알며
　몸으로 실천하여 깨달음의 길을 걸으면
　많은 사람들의 사랑을 받게 되리라.

　탐욕스러운 짓을 하지 않고
　바르게 생각하고 나서야 말하며
　마음에 탐욕과 애착이 없다면
　반드시 생사(生死)의 흐름을 끊고 건너가리라.

- 〈법구비유경〉에서

不	欺	不	怒		意	不	多	求	
아니 불	속일 기	아니 불	성낼 노		뜻 의	아니 불	많을 다	구할 구	
不	欺	不	怒		意	不	多	求	
不	欺	不	怒		意	不	多	求	
不	欺	不	怒		意	不	多	求	

25. 분노 　　　　　　　不欺不怒　意不多求

남을 속이지 말고, 성내지 말고
욕심을 많이 부리지 말라.

如	是	三	事		死	則	上	天	
같을 여	이 시	석 삼	일 사		죽을 사	곧 즉	오를 상	하늘 천	
如	是	三	事		死	則	上	天	
如	是	三	事		死	則	上	天	
如	是	三	事		死	則	上	天	

如是三事　死則上天

이와 같은 세 가지를 실천하면
죽은 뒤 하늘나라에 오르리라.

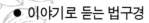

부처님을 해치려 한 사람들

부처님이 라자그리하의 기자쿠타산에 계실 때의 일이다.

데바닷타라는 탐욕스러운 수행자가 그 나라 왕 아자타삿투와 함께 어울려 부처님과 그 제자들을 비방했다. 왕은 백성들에게 부처님을 받들지 못하게 하였고, 비구들에게 음식을 주지 못하게 하였다.

그래서 부처님의 제자 사리풋타와 목갈라나, 캇사파, 수부티, 마하파제파티 비구니 등은 할 수 없이 제자들을 데리고 다른 나라로 떠났다. 그러나 부처님은 모든 번뇌를 소멸한 아라한* 5백 명과 함께 기자쿠타산에 그대로 계셨다.

그러자 데바닷타는 아자타삿투 왕에게 찾아가 이렇게 말했다.

"부처의 제자들은 지금 이미 대부분 흩어졌지만 아직도 제자 5백 명이 부처의 곁에 남아 있습니다. 대왕께서 내일 부처와 그 제자들을 초청하여 성 안에 들어오게 하십시오. 그러면 제가 큰 코끼리 5백 마리에게 술을 먹여 취하게 한 뒤, 그들이 성 안에 들어오면 그 취한 코끼리들을 내몰아 그들을 다 밟아 죽여 종자를 없애 버리겠습니다. 그리고 나서 제가 부처가 되어 세상을 교화하겠습니다."

아자타삿투 왕은 이 말을 듣고 기뻐했다. 그리고는 곧 부처님 계신 곳으로 찾아가 머리 숙여 절하며 부처님을 초청했다.

"내일은 부처님께 작은 공양을 올리고자 합니다. 그러니 제자들과 함께 궁궐로 들어오셔서 식사를 하십시오."

부처님은 그 음모를 훤히 알고 계시면서도 왕의 초청에 응하셨다.

이튿날 식사 때 부처님은 아라한 5백 명과 함께 성문으로 들어가셨다. 그때 술 취한 코끼리 5백 마리가 울부짖으며 돌진해 왔다. 그 바람에 담이 무너지고 나무가 부러지자 길 가던 사람들이 놀라고 두려워했다. 온 성안 사람들이 무서워서 떨었다. 아라한 5백 명은 공중으로 날아 피하고, 오직 아난다 존자만 부처님 곁에 있었다. 취한 코끼리들은 머리를 나란히 하고 부처님에게 달려들었다. 부처님은 코끼리들을 향해 손을 펴셨다. 그러자, 부처님의 다섯 손가락이 곧바로 큰 사자 5백 마리로 변해 천지를 뒤흔드는 사자후를 동시에 외쳤다.

취한 코끼리들은 무릎을 꿇고 땅에 엎드려 머리도 들지 못했다. 술이 깨어 눈물을 흘리며 잘못을 뉘우쳤다. 왕과 신하들도 모두 놀라 아무 말도 하지 못했다.

부처님은 천천히 궁궐에 올라가 아라한들과 함께 식사를 마치고 축원하셨다. 그러자, 왕이 부처님께 여쭈었다.

"제 품성이 밝지 못해 데바닷타가 참소하는 말만 믿고, 감히 부처님을 해치려는 나쁜 짓을 저질렀습니다. 큰 자비심으로 어리석은 저의 죄를 용서해 주십시오."

부처님은 왕과 대중들에게 말씀하셨다.

"세상 사람들은 여덟 가지 일로 비방을 일삼는데 모두 명예 때문입니다. 또 이익을 탐하여 쉴 새 없이 큰 죄를 짓습니다. 그 여덟 가지 일이란, 이익과 손해, 헐뜯는 일과 기리는 일, 칭찬과 비방, 괴로움과 즐거움인데, 예로부터 지금까지 그것에 미혹되지 않은 사람이 없었습니다."

— 〈법구비유경〉에서

*아라한 : 부처님의 가르침을 따라 수행하여 모든 번뇌가 사라진 성자.

연습문제

1. 다음 한자어의 음을 써 보세요.

① 佛敎(　　　) ② 善惡(　　　) ③ 勝負(　　　)

④ 安心(　　　) ⑤ 貪慾(　　　) ⑥ 天上(　　　)

2. 다음 뜻에 해당하는 한자어를 써 보세요.

① 부처님의 가르침을 뜻하는 말

…………………………………………………… (　　　)

② 한문 경전의 첫머리에 나오는 말로서 '이와 같이' 라는 뜻

…………………………………………………… (　　　)

3. 법구경의 게송(시)을 한자음으로 읽고 풀이해 보세요.

① 自淨其意　是諸佛敎

음 : _____

풀이 : _____

_____

② 去勝負心　無爭自安

음 : _____

풀이 : _____

_____

정답

1. ① 불교 ② 선악 ③ 승부 ④ 안심 ⑤ 탐욕 ⑥ 천상

2. ① 佛敎 ② 如是

3. ① 13쪽 참조 ② 17쪽 참조

慧	人	以	漸		安	徐	稍	進	
지혜 혜	사람 인	써 이	점차 점		편안할 안	편안할 서	점점 초	나아갈 진	
慧	人	以	漸		安	徐	稍	進	
慧	人	以	漸		安	徐	稍	進	
慧	人	以	漸		安	徐	稍	進	

26. 때   慧人以漸　安徐稍進

지혜로운 사람은 점차로
편안하게 점점 나아가(노력해)

洗	除	心	垢		如	工	鍊	金	
씻을 세	버릴 제	마음 심	때 구		같을 여	장인 공	불릴 련	쇠 금	
洗	除	心	垢		如	工	鍊	金	
洗	除	心	垢		如	工	鍊	金	
洗	除	心	垢		如	工	鍊	金	

洗除心垢　如工鍊金

마음의 때를 씻어버리네
대장장이가 쇠를 단련하듯이.

때를 씻어 버리고 새 사람이 된 남자

　옛날 어떤 사람이 있었는데, 형제가 없어서 어릴 때 부모의 사랑을 독차지했다. 부모는 정성을 다해 그를 키웠고, 스승에게 데리고 가서 학문을 가르쳐 달라고 부탁했다.

　하지만 그 아이는 교만하여 학문에 마음을 쓰지 않았다. 그래서 아침에 배우면 저녁에 잊어버리곤 하여, 여러 해 동안 배웠지만 아는 것이 없었다. 그러자 부모는 아이를 불러다 가업을 하게 했다. 그러나 아이는 노력하려는 생각도 하지 않아 살림이 점점 궁해지고 모든 일이 실패하게 되었다.

　아이는 방탕하여 자신을 돌아보지 않고 제 멋대로 집안 물건을 팔아먹고 즐겼다. 흐트러진 머리에 맨발로 더러운 옷을 걸치고 다녔다. 인색하고 탐욕스럽고 당돌하여 욕먹는 짓을 피하지 않고 어리석은 짓을 저질러 사람들이 미워하고 천하게 여겼다. 온 나라 사람들이 모두 흉악한 놈이라고 미워하니, 어디를 드나들거나 걸어다닐 때 아무도 이야기를 나누려 하지 않았다. 그러나 그는 제 잘못은 모르고 도리어 사람들만 원망했다. 위로는 부모를 원망하고 다음으로는 스승과 친구들을 탓했다.

　'조상들의 신령이 돕지 않아 내가 이렇게 고생하는 거야. 차라리 부처님을 섬겨 복을 얻는 것만 못하겠다.'

　그래서 그는 부처님 계신 곳을 찾아가 부처님께 절한 뒤 이렇게 여쭈었다.

　"부처님의 도(道)는 너그럽고 넓어서 용납하지 않는 것이 없다고 합니다. 그래서 제자가 되고자 하오니 허락하여 주십시오."

　부처님은 그에게 말씀하셨다.

　"도를 구하려면 먼저 깨끗한 행실을 지녀야 하거늘, 세속의 때[垢]를 그대로 가진 채 우리 도에 들어온다면 너에게 무슨 이익이 있겠느냐? 차라리 집으로 돌아가 부모에게 효도하고 스승의 가르침을 외우고 익혀 죽을 때까지 잊지 않는 것만 못하다. 그리고 부지런히 생업을 꾸려 부유하고 행복하게 살아라. 잘못을 저지르지

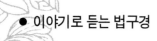

● 이야기로 듣는 법구경

말고 예의 바르게 살며, 자주 목욕하고 깨끗한 옷을 입고 말과 행동을 조심하며, 마음을 잡고 집중하여 자기 일을 잘 처리하며, 민첩하게 행동하고 정밀하게 수행하여 남에게 칭찬받는 사람이 되어라. 이러한 행실을 지녀야 도를 닦을 수 있다."
  부처님은 그에게 시를 들려주셨다.

  경전을 읽지 않는 것은 말을 더럽히는 때[垢]이고
  게으름은 집안을 더럽히는 때이며
  단정하지 않음은 몸을 더럽히는 때이고
  방탕함은 일을 더럽히는 때일세.

  인색함은 보시를 더럽히는 때이고
  착하지 않은 것은 행실을 더럽히는 때라
  현세에서나 내세에서나
  나쁜 짓은 언제나 삶을 더럽히는 법.

  때 중에 가장 더러운 때
  어리석음보다 심한 때가 없으니
  배우는 사람은 이 때를 씻어 버려야 하고
  비구들도 이 때를 씻어 버려야 하네.

  그 사람은 이 시를 듣고 자신의 교만함과 어리석음을 알게 되었다. 그래서 부처님의 가르침을 받들고 기뻐하며 돌아갔다. 그는 늘 부처님이 들려주신 시의 뜻을 생각하며 참회하고 새 사람이 되었다. 그래서 부모에게 효도하고 스승과 어른을 존경하며, 경전을 읽고 생업에 부지런히 힘썼다. 계율을 지키고 마음을 잡아, 정도

가 아니면 행하지 않았다. 그러자 친척들이 효자라고 칭찬하고 마을 사람들이 칭송하여, 이름이 널리 퍼져 온 나라 사람들이 그를 어진이라 일컫게 되었다.

3년 뒤, 그는 다시 부처님 계신 곳으로 찾아와 온몸으로 절하며 간절히 말씀드렸다.

"부처님의 가르침을 받들어 온전한 몸을 얻게 되었습니다. 나쁜 행실을 버리고 착한 일을 해 웃어른이나 아랫사람의 칭찬을 받았습니다. 그러니 이젠 큰 자비심으로 저를 받아들여 도를 닦게 해 주십시오."

"좋다."

부처님의 허락을 받은 그는 마음 집중과 마음 챙김을 수행하고, 네 가지 진리*와 바른 길*을 생각하며 날마다 정진하여 아라한의 깨달음을 얻었다.

- 〈법구비유경〉에서

*네 가지 진리 : 사성제(四聖諦). 괴로움에 관한 진리, 괴로움의 발생에 관한 진리, 괴로움의 소멸에 관한 진리, 괴로움을 없애는 길에 관한 진리 등 부처님의 네 가지 가르침.
*바른 길 : 팔정도(八正道). 바른 견해, 바른 생각, 바른 말, 바른 행동, 바른 생활, 바른 마음 집중, 바른 마음 챙김, 바른 정진 등 여덟 가지 바른 길.

雖	素	少	聞		身	依	法	行	
비록수	본디소	적을소	들을문		몸신	의지할의	법법	행할행	
雖	素	少	聞		身	依	法	行	
雖	素	少	聞		身	依	法	行	
雖	素	少	聞		身	依	法	行	

27. 실천　　　　　　　雖素少聞　身依法行

비록 본디 듣고 배운 것이 적을지라도
몸으로 진리에 의지해 실천하고

守	道	不	忘		可	謂	奉	法	
지킬 수	길 도	아니 불	잊을 망		마땅할 가	이를 위	받들 봉	법 법	
守	道	不	忘		可	謂	奉	法	
守	道	不	忘		可	謂	奉	法	
守	道	不	忘		可	謂	奉	法	

守道不忘　可謂奉法

바른 길을 잊지 않고 지키면
진리를 받드는 이라고 할 수 있다.

배를 철판으로 두른 사람

옛날 니간타라는 브라만 장로가 있었다. 그는 아주 영리하여 나라에서 지혜가 제일이라고 알려져 있었고 제자 5백 명을 이끌고 있었다. 그러나 얼마나 교만하고 잘난 체하는지 세상에 보이는 것이 없었다. 그는 자기 배를 철판으로 두르고 다니며, 사람들이 까닭을 물으면 이렇게 대답했다.

"지혜가 넘쳐흘러 나갈까 무서워 그런다."

그런데 부처님이 세상에 나와 사람들을 지혜의 길로 교화한다는 말을 듣고, 시새운 마음에 자나깨나 편하지 않았다. 그래서 그는 제자들에게 말했다.

"고오타마라는 비렁뱅이 수행자가 스스로 부처라고 일컫는다 하니, 이제 내가 가서 심오한 질문을 하여 그를 꼼짝 못하게 하겠다."

그는 곧 제자들과 함께 부처님이 계시는 제타바나(기원정사)로 찾아갔다. 그들은 제타바나에 도착해 문 밖에 늘어선 채, 부처님의 환한 빛이 아침 해처럼 빛나는 것을 멀리서 바라보았다. 그 순간, 다섯 가지 감정(기쁨·즐거움·욕심·성냄·슬픔)이 끓어오르며 기쁨과 두려움이 엇갈렸다.

그가 부처님에게 다가가 인사하자, 부처님은 자리에 앉으라고 권하셨다. 자리에 앉은 니간타는 부처님께 이렇게 물었다.

"어떤 사람을 도인이라 하고, 어떤 사람을 지혜로운 사람이라 합니까? 어떤 사람을 장로(長老)라 하고, 어떤 사람을 단정한 사람이라 합니까? 어떤 사람을 사문이라 하고, 어떤 사람을 비구라 합니까?"

부처님은 시로 대답하셨다.

배우는 걸 좋아하는 사람을 늘 사랑하고
바른 마음으로 실천하며
보배로운 지혜를 품은 사람
그런 사람을 도인이라 하네.

반드시 말을 잘한다고 해서
지혜로운 사람이라 할 수는 없네.
두려움 없이 선한 것을 지키는 사람을
지혜로운 사람이라 하네.

반드시 나이가 많다고 해서
장로라 부를 수는 없다네.
머리가 하얗게 늙었다 해도
어리석다면 어찌 장로라 할 수 있나.

마음속에 진리를 품고
부드럽고 인자한 마음
밝게 깨닫고 깨끗한 사람
그런 사람을 장로라 하네.

단정한 사람이란
얼굴이 꽃처럼 아름다운 사람이 아
니고
탐욕과 시새움을 품고 위선을 떨며
말과 행동이 일치되지 않는 사람이
아니라

나쁜 짓을 모두 버리고
그 뿌리를 끊어 버리고
성내지 않는 지혜로운 사람
그런 사람을 단정한 사람이라 하네.

반드시 머리를 깎았다 해서
사문이라 할 수는 없다네.
거짓말과 도둑질을 버리지 못하고

욕심이 있으면 보통사람과 같다네.

나쁜 짓을 모두 그치고
넉넉한 마음으로 바른 길을 널리 전
하며
마음을 쉬고 잡념을 소멸한 사람
그런 사람을 사문이라 하네.

밥을 빌며 산다 하여
비구라 할 수는 없네.
그릇된 짓을 하며 남에게 바라기만
한다면
명예만 구하는 자일 뿐.

죄업을 모두 버리고
깨끗한 수행을 하여
지혜로 악을 부수는 사람
그런 사람을 비구라 하네.

니간타와 그의 제자 5백 명은 부처
님의 이 시를 듣고 기뻐하며 마음이 열
려 교만한 마음을 버리고 모두 사문이
되었다.

- 〈법구비유경〉에서

愼	言	守	意	念	身	不	善	不	行
삼갈 신	말씀 언	지킬 수	뜻 의	생각 념	몸 신	아니 불	착할 선	아니 불	행할 행
愼	言	守	意	念	身	不	善	不	行
愼	言	守	意	念	身	不	善	不	行
愼	言	守	意	念	身	不	善	不	行

28. 해탈의 길   愼言守意念　身不善不行

말을 삼가고 마음을 지키며
몸으로 좋지 않은 짓을 저지르지 말라.

如	是	三	行	除	佛	說	是	得	道
같을 여	이 시	석 삼	행할 행	버릴 제	부처 불	말씀 설	이 시	얻을 득	길 도
如	是	三	行	除	佛	說	是	得	道
如	是	三	行	除	佛	說	是	得	道
如	是	三	行	除	佛	說	是	得	道

如是三行除　佛說是得道

이와 같은 세 가지 행위를 버리면
해탈의 길을 얻을 수 있다고 부처님이 말씀하셨네.

*해탈(解脫) : 고통과 번뇌로부터 벗어나 편안함.

39

자식을 잃고 염라대왕을 찾아간 아버지

옛날 어떤 브라만이 있었는데, 일찍이 집을 떠나 도를 배웠지만 나이 예순이 되도록 도를 얻지 못하고 집으로 돌아와 혼인하여 한 아들을 얻었다.

그 아들은 잘 생겨서 사랑스러웠다. 일곱 살에 글을 배웠는데 총명하고 말재주가 뛰어났다. 그러나 갑자기 중병을 얻어 하룻밤 사이에 숨을 거두고 말았다. 브라만은 슬픔을 이기지 못하고 아들의 주검 위에 엎드려 기절해 버렸다. 그가 깨어나자 친척들은 그를 달래며 주검을 빼앗다시피 하여 성 밖에 매장했다.

브라만은 혼자 생각했다.

'내가 지금 아무리 울어 봐야 소용없다. 차라리 염라대왕에게 가서 우리 아이 목숨을 빌어 봐야겠다.'

그는 목욕재계를 한 뒤 꽃과 향을 가지고 길을 떠났다. 사람들에게 염라대왕이 있는 나라를 물어보며 수천 리를 걸어갔다. 그러다가 깊은 산중에서 도를 깨쳤다는 브라만들을 만나 물어보니 이렇게 대답했다.

"염라대왕이 다스리는 곳은 산 사람이 갈 수 없는 곳이오. 다른 방법을 알려 주겠소. 여기서 서쪽으로 4백여 리를 가면 큰 강이 나오는데 그 가운데 성이 있을 것이오. 그곳은 여러 천신들이 인간 세계를 순행하다가 잠시 머무는 성이오. 염라대왕은 매월 8일에 인간 세계를 순행하다가 꼭 그 성을 지나가니, 목욕재계하고 그곳에 가면 틀림없이 염라대왕을 만날 수 있을 것이오."

브라만은 기뻐하며 그들이 가르쳐준 대로 그 강을 찾아갔다. 그 강 가운데에는 좋은 성곽과 궁전과 집들이 하늘나라처럼 늘어서 있었다. 그는 성문에 이르러 향을 사르고 축원하며 염라대왕 뵙기를 간청했다. 염라대왕이 문지기를 시켜 까닭을 물어보니 브라만이 말했다.

"늦게야 아들 하나를 낳아 일곱 살이 될 때까지 길렀는데, 최근에 그만 죽고 말았습니다. 대왕께서는 은혜를 베푸시어 제 아이의 목숨을 되돌려 주십시오."

그러자 염라대왕이 말했다.

"좋다. 그대의 아이는 지금 동산에서 놀고 있으니 직접 가서 데려가라."

브라만은 곧장 그곳을 찾아갔다. 거

기서 자기 아이가 여러 아이들과 함께 놀고 있는 것을 보고 아이를 끌어안고 울면서 말했다.

"나는 밤낮으로 너를 생각하느라 음식도 제대로 못 먹고 잠도 제대로 못 잤다. 그런데 너는 이 부모의 고통을 생각이나 해봤느냐?"

그러자 아이는 깜짝 놀라 소리 지르며 말했다.

"할아버지는 바보세요? 잠깐 몸을 맡긴 나를 왜 아들이라고 하세요? 허망한 말 하지 말고 어서 가세요. 지금 나는 이 세상에 부모가 따로 있는데 왜 만나자마자 황당하게 껴안는가요?"

브라만은 슬피 울며 그곳을 떠나야만 했다. 그는 곰곰이 생각해 보았다.

'고오타마 사문(부처님)이 사람의 영혼이 변화하는 도리를 잘 아신다던데 거기 가서 물어 봐야겠다.'

그는 고향으로 돌아와 부처님 계신 곳을 찾아갔다. 부처님은 사밧티의 제타바나(기원정사)에서 대중들을 위해 진리를 말씀하고 계셨다. 브라만은 부처님을 뵙고 머리 조아려 절한 뒤, 자기 사정을 말씀드렸다.

"그 아이는 틀림없이 제 아이인데 저를 알아보지도 못하고 도리어 저를 '바보 같은 할아버지' 라고 부르며 '잠깐 동안 몸을 맡긴 나를 왜 아들이라 하느냐' 고 했습니다. 전혀 부자간의 정이 없었습니다. 왜 그럴까요?"

부처님은 그에게 말씀하셨다.

"당신은 정말 어리석네요. 사람이 죽으면 곧 다른 곳에서 몸을 받는 법이오. 부모와 처자식의 인연으로 모여 사는 것은 마치 여관의 손님들이 아침에 일어나면 곧 흩어지는 것과 같은데도 어리석게 집착하여 자기 소유로 여기고 있군요. 그렇게 근심하고 슬퍼하며 괴로워하고 번민하면서도 근본을 모르고 있군요. 그러니 생사(生死)에 빠져 쉴 수가 없는 것이오. 오직 지혜로운 사람만이 사랑하는 사람에게 집착하지 않고 그 괴로움을 깨달아 그 원인을 버리고, 부지런히 가르침과 계율을 실천하여 잡념을 버리고 생사를 끝내지요."

브라만은 부처님 말씀을 듣고 마음이 열려, 목숨은 무상(無常)하고 처자식은 손님 같은 것임을 알아차렸다. 그래서 비구가 되어 애착과 잡념을 끊고 아라한의 깨달음을 얻게 되었다.

精	進	惟	行		習	是	捨	非	
면밀할 정	나아갈 진	생각할 유	행할 행		익힐 습	옳을 시	버릴 사	그를 비	
精	進	惟	行		習	是	捨	非	
精	進	惟	行		習	是	捨	非	
精	進	惟	行		習	是	捨	非	

29. 선과 악   精進惟行   習是捨非

꾸준히 정진하여 생각하고 실천하며
옳은 것을 익히고 그른 것을 버리며

修	身	自	覺		是	爲	正	習	
닦을 수	몸 신	스스로 자	깨달을 각		이 시	할 위	바를 정	익힐 습	
修	身	自	覺		是	爲	正	習	
修	身	自	覺		是	爲	正	習	
修	身	自	覺		是	爲	正	習	

修身自覺　是爲正習

자신을 닦고 스스로 깨닫는 것
이것이 올바른 학습이다.

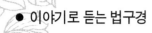

살이 쪄서 괴로운 왕

부처님이 사밧티에서 교화하고 계실 때의 일이다.

그때 사밧티 국왕은 파세나디였는데 매우 교만하고 정욕만 채우는 사람이었다. 눈은 빛깔에, 귀는 소리에, 코는 냄새에, 혀는 다섯 가지 맛에, 몸은 촉감에 집착했다. 음식이 아무리 맛있어도 만족할 줄 몰라서 식사가 갈수록 늘어나도 늘 허기져 했다. 그래서 쉴 새 없이 음식을 먹었다. 살이 너무 쪄서 가마타기도 힘들었고, 누웠다 일어나면 호흡이 가빠 숨이 끊겼다가 한참 만에 깨어났다. 앉거나 눕거나 신음하며 무거운 몸 때문에 늘 고통스러워했다.

어느 날 그는 수레를 타고 부처님 계신 곳에 찾아가, 시종의 부축을 받으며 부처님께 문안 인사를 했다.

"부처님, 오랫동안 찾아뵙지 못했습니다. 무슨 죄로 이런지 제 몸이 너무 살이 찝니다. 무엇 때문에 이런지 걱정입니다. 그래서 자주 찾아뵙지 못했습니다."

부처님이 그에게 말씀하셨다.

"사람이 다섯 가지 때문에 살이 찝니다. 첫째는 자주 먹기 때문이고, 둘째는 잠자는 것을 좋아하기 때문이며, 셋째는 교만과 향락 때문이며, 넷째는 걱정이 없기 때문이며, 다섯째는 일이 없기 때문입니다. 살찌기 싫으시다면 먹는 것과 잠을 줄이고 향락에 빠지지 말며, 나라와 백성을 걱정하고 일을 하십시오. 그러면 살이 빠질 것입니다."

부처님은 그에게 다음과 같은 시를 들려주셨다.

사람이라면 생각이 있어야 한다.
언제나 음식을 적게 먹어야
과식으로 인한 고통이 줄어드니
적게 먹고 잘 소화해 목숨을 보전하라.

왕은 이 시를 듣고 매우 기뻐하며 요리사를 불러 말했다.

"이 시를 잘 외워 두었다가 식사 때마다 먼저 나에게 시를 들려준 뒤에 음식을 내오너라."

왕은 궁궐로 돌아간 뒤 식사 때마다 이 시를 듣고 하루에 한 숟갈씩 식사를 줄였다. 이렇게 식사가 줄어들자 몸이 가벼워져 건강을 되찾게 되었다.

- 〈법구비유경〉에서

1. 다음 한자어의 음을 써 보세요.

① 善意(　　)　　　② 奉行(　　　)　　　③ 鍊金(　　　)

④ 不忘(　　)　　　⑤ 修身(　　　)　　　⑥ 自覺(　　　)

2. 다음 뜻에 해당하는 한자어를 써 보세요.

① 수행을 게을리하지 않고 꾸준히 노력하는 것을 뜻하는 말

………………………………………………………… (　　　)

② 부처님의 가르침대로 몸과 마음을 닦고 실천하는 것을 뜻하는 말

………………………………………………………… (　　　)

3. 법구경의 게송(시)을 한자음으로 읽고 풀이해 보세요.

① 守道不忘　可謂奉法

음 : ＿＿＿＿＿＿＿＿＿＿＿＿＿＿＿＿＿＿＿＿

풀이 : ＿＿＿＿＿＿＿＿＿＿＿＿＿＿＿＿＿＿＿

＿＿＿＿＿＿＿＿＿＿＿＿＿＿＿＿＿＿＿＿＿＿

② 修身自覺　是爲正習

음 : ＿＿＿＿＿＿＿＿＿＿＿＿＿＿＿＿＿＿＿＿

풀이 : ＿＿＿＿＿＿＿＿＿＿＿＿＿＿＿＿＿＿＿

＿＿＿＿＿＿＿＿＿＿＿＿＿＿＿＿＿＿＿＿＿＿

정답

1. ① 선의 ② 봉행 ③ 연금 ④ 불망 ⑤ 수신 ⑥ 자각

2. ① 精進 ② 修行

3. ① 35쪽 참조 ② 43쪽 참조

自	守	其	心		非	法	不	生	
스스로자	지킬수	그기	마음심		그를비	법법	아니불	날생	
自	守	其	心		非	法	不	生	
自	守	其	心		非	法	不	生	
自	守	其	心		非	法	不	生	

30. 지옥 　　　　　　 自守其心　非法不生

스스로 양심을 지키면
잘못이 생기지 않지만

行	缺	致	憂		令	墮	地	獄	
행할 행	이지러질 결	이를 치	근심 우		하여금 령	떨어질 타	땅 지	감옥 옥	
行	缺	致	憂		令	墮	地	獄	
行	缺	致	憂		令	墮	地	獄	
行	缺	致	憂		令	墮	地	獄	

行缺致憂　令墮地獄

못된 짓을 하면 근심을 불러와
지옥에 떨어지게 된다.

신통력을 겨루려 한 브라만 선생

옛날 사밧티에 푸르나 캇사파라는 브라만 선생이 있었다. 제자 5백 명이 그를 따르고 국왕과 많은 백성들이 그를 받들어 섬겼다.

부처님이 깨달음을 얻으시고 제자들과 함께 라자그리하에서 사밧티에 오시자, 그 환한 모습과 아름다운 가르침에 국왕 내외와 온 나라 백성들이 모두 받들고 공경하였다.

그러자 푸르나 캇사파는 시새워서 부처님을 헐뜯고 혼자만 존경받으려고 했다. 그래서 제자들을 데리고 파세나디왕에게 가서 말했다.

"우리 장로들은 누구보다 먼저 공부한 이 나라의 스승들입니다. 그러나 사문(수행자) 고오타마(석가모니)는 나중에야 나와서 도를 구해 신통력도 없으면서 스스로 부처라 일컫고 있습니다. 그런데 임금님은 저를 버리고 오로지 그를 받드시려고 하니, 제가 이제 부처와 도력(신통력)을 겨루려고 합니다. 임금님께서는 이긴 사람을 받드십시오."

왕은 좋다고 말했다. 그리고는 수레를 타고 부처님 계신 곳에 가서 절한 뒤 이렇게 말했다.

"푸르나 캇사파가 부처님과 도력을 겨루고자 하는데 들어주시겠습니까?"

"좋습니다. 이레 뒤에 하지요."

왕은 성의 동쪽 들판에 높다란 좌대 두 개를 세웠다. 두 좌대는 2리쯤 떨어지게 했는데, 푸르나 캇사파의 제자들과 부처님의 제자들이 각각 그 아래 앉게 했다. 두 사람이 도력을 겨루는 날이 되자, 국왕과 신하와 대중들이 구름처럼 모여들었다.

푸르나 캇사파는 제자들과 함께 먼저 그곳에 와서 사다리를 밟고 좌대로 올라갔다. 그때 큰 바람이 불어와 그 높은 좌대를 뒤흔들었다. 자리가 넘어지고 깃발이 휘날리고 모래바람이 비 오듯 몰아쳐 눈을 뜰 수가 없었다. 그러나 신기하게도 부처님의 높은 좌대는 전혀 흔들리지 않았다. 이때 부처님이 제자들과 함께 질서 있게 걸어와 순식간에 좌대로 올라가셨다.

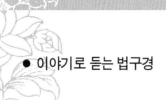

　왕과 신하들은 더욱 공경하여 부처님께 머리를 조아렸다. 푸르나 캇사파도 스스로 도가 없음을 깨닫고 머리 숙여 부끄러워하며 감히 눈을 들지 못했다. 푸르나 캇사파와 그 제자들은 달아나듯 자리를 떠났다. 그들은 돌아가는 길에 '마니' 라는 할머니를 만났는데, 그 할머니가 이렇게 꾸짖었다.
　"이 어리석은 사람들아, 자기를 헤아리지 못하고 부처님과 도력을 겨루려 했느냐? 멍청이들이 세상을 속이고도 부끄러운 줄을 모르네. 무슨 낯으로 세상을 돌아다니느냐?"

- 〈법구비유경〉에서

50

樂	道	不	放	逸	能	常	自	護	心
즐길 락	길 도	아니 불	놓을 방	잃을 일	능할 능	항상 상	스스로 자	지킬 호	마음 심
樂	道	不	放	逸	能	常	自	護	心
樂	道	不	放	逸	能	常	自	護	心
樂	道	不	放	逸	能	常	自	護	心

31. 코끼리　　　　　　樂道不放逸　能常自護心

바른 길을 즐기고, 방종하지 않으며
항상 스스로 마음을 잘 지키는 것

51

是	爲	拔	身	苦	如	象	出	于	埳
이 시	할 위	뺄 발	몸 신	괴로울 고	같을 여	코끼리 상	날 출	어조사 우	구덩이 감
是	爲	拔	身	苦	如	象	出	于	埳
是	爲	拔	身	苦	如	象	出	于	埳
是	爲	拔	身	苦	如	象	出	于	埳

是爲拔身苦　如象出于埳

이것이야말로 자신의 괴로움에서 벗어나는 길
코끼리가 함정에서 벗어나듯이.

발을 씻은 대야

부처님의 출가 전 아들 라홀라는 원래 심성이 거칠고 말에 진실성이 없었다. 어느 날 부처님께서 그를 찾아오셨다. 라홀라가 기뻐하며 부처님께 절을 한 뒤, 노끈평상을 펴고 가사(옷)를 받았다. 부처님은 노끈평상에 걸터앉아 라홀라에게 말씀하셨다.

"대야에 물을 떠다가 내 발 좀 씻겨주겠느냐?"

라홀라가 발을 씻겨 드리자 부처님이 말씀하셨다.

"대야 속의 발 씻은 물이 보이느냐?"

"예."

"이 물을 먹거나 양치질하는 데 쓸 수 있겠느냐?"

"쓸 수 없습니다. 이 물이 본래는 깨끗했지만 지금은 더러워졌기 때문입니다."

"너도 그렇다. 비록 내 아들이고 임금의 손자로서 세상의 영화를 버리고 사문(수행자)이 되었지만, 부지런히 정진(노력)하여 몸과 마음을 바로잡고 입을 지키려고 생각하지는 않고, 더러운 세 가지 독(탐욕·분노·어리석음)만 마음에 가득 차 있어, 이 물처럼 다시 쓸 수가 없게 되어버렸어."

부처님은 이렇게 꾸지람을 하신 뒤 라홀라에게 말씀하셨다.

"대야의 물을 버려라."

라홀라가 대야의 물을 버리자, 부처님이 말씀하셨다.

"대야가 비었으니 음식을 담을 수 있겠느냐?"

"담을 수 없습니다. 발 씻은 대야라 이미 더러워졌기 때문입니다."

"너도 그렇다. 비록 사문이 되었지만 입으로는 진실한 말을 하지 않고, 심성은 거칠고, 정진하려고 생각하지 않아 이미 나쁜 소문이 나서 발 씻은 대야에 음식을 담을 수 없는 것과 같다."

부처님이 발로 대야를 차시자, 대야가 굴러가서 몇 번 튀어 오르고 떨어지고 하다가 멈추었다. 부처님이 라홀라에게 말씀하셨다.

"너는 저 대야가 깨질까 걱정되느냐?"

"아깝다는 생각이 조금 들기는 하지만, 발 씻은 대야고 값이 싼 물건이라 걱정되지는 않습니다."

"너도 그렇다. 비록 사문이 되었지만 몸과 마음을 바로잡지 않고 거친 말과 악담으로 남을 헐뜯는 일이 많아 사람들이 너를 좋아하지 않고 지혜로운 사람들이 너를 아껴주지 않는다. 네가 계속 그러면 죽고 나서 세 가지 나쁜 세계(지옥·아귀·축생)로 돌고 돌며 다시 태어나고 죽으면서 한량없는 고통을 받게 될 것이다."

라훌라는 부처님의 말씀을 듣고 부끄럽고 무서웠다. 그러자 부처님이 말씀하셨다.

"아홉 가지 나쁜 짓을 저지르더라도 오직 입 하나만은 보호해야 한다. 마치 코끼리가 제 코를 화살에 맞아 죽을세라 코를 보호하기 위해 싸우지 않는 것과 같다. 사람도 그와 같이 입을 보호해야 하는 까닭은, 지옥 같은 나쁜 세계의 고통이 무섭기 때문이다. 입을 보호하지 않고 열 가지 나쁜 짓을 다 저지르는 사람은, 마치 코끼리가 코를 꺼내들고 싸우다가 목숨을 잃는 것과 같다. 만약 네가 입과 몸과 마음을 잘 단속해 열 가지 좋은 일을 하고 나쁜 짓을 저지르지 않으면, 세 가지 나쁜 세계에 태어나고 죽는 근심이 없게 될 것이다."

라훌라는 부처님의 간절한 가르침을 듣고 뼛속 깊이 새겨 잊지 않고 정진하여, 대지(大地)와 같이 평화롭고 부드럽게 모든 것을 잘 참게 되었다. 그래서 망상(妄想)이 사라지고 고요해져 아라한의 깨달음을 얻게 되었다.

- 〈법구비유경〉에서

*열 가지 나쁜 짓[十惡] : 생명을 죽이는 것, 남이 주지 않은 것을 갖는 것, 간음, 거짓말, 꾸며대는 말, 이간하는 말, 추악한 말, 욕심 부리는 것, 화내는 것, 사악한 견해를 품는 것.
*열 가지 좋은 일[十善] : 열 가지 나쁜 짓을 하지 않는 것.

愚	以	貪	自	縛	不	求	度	彼	岸
어리석을 우	써 이	탐할 탐	스스로 자	묶을 박	아니 불	구할 구	건널 도	저 피	언덕 안
愚	以	貪	自	縛	不	求	度	彼	岸
愚	以	貪	自	縛	不	求	度	彼	岸
愚	以	貪	自	縛	不	求	度	彼	岸

32. 탐욕   　　　　愚以貪自縛　不求度彼岸

*해탈 : 고통과 번뇌로부터
벗어나 편안함.

어리석은 사람은 탐욕으로 자신을 속박하고
저 언덕(해탈)으로 건너가려 하지 않는다.

55

貪	爲	敗	處	故	害	人	亦	自	害
탐할 탐	할 이	패할 패	곳 처	연고 고	해칠 해	사람 인	또 역	스스로 자	해칠 해
貪	爲	敗	處	故	害	人	亦	自	害
貪	爲	敗	處	故	害	人	亦	自	害
貪	爲	敗	處	故	害	人	亦	自	害

貪爲敗處故　害人亦自害

탐욕이 실패의 원인이 되어
남을 해치고 자신도 해친다.

집으로 돌아가려던 비구

부처님이 라자그리하 기자쿠타산의 수행처에서 교화하고 계실 때의 일이다. 어떤 비구가 출가한 뒤, 깊은 산에 들어가 숲속에 홀로 앉아 3년 동안 깨달음을 구했다. 하지만 의지가 굳세지 못하여 가정으로 돌아가고자 했다.

'괴롭게 깨달음을 구하느니 빨리 돌아가 처자식을 만나는 게 낫겠다.'

이렇게 생각하고는 곧 산에서 나왔다. 부처님은 이 비구가 깨달음을 얻게 될 터인데도 어리석게 집으로 돌아가려 한다는 걸 아시고, 곧 사문(수행자)으로 변신하여 길에서 그를 만났다. 그리고 그에게 물었다.

"어디서 오십니까? 여기 평탄한 자리에 같이 앉아 이야기나 나눌까요?"

두 사람이 앉아 쉬면서 이야기를 나누는데, 그가 사문으로 변신한 부처님께 말했다.

"저는 가정을 버리고 사문이 되어 이 깊은 산에서 살며 깨달음을 구했지만 얻지 못했습니다. 그래서 이제는 집으로 돌아가 처자식을 다시 만나 즐겁게 살고 싶습니다."

그때 순식간에 늙은 원숭이 한 마리가 나타났다. 사문으로 변신한 부처님이 비구에게 물었다.

"저 늙은 원숭이가 왜 평지에 홀로 살고 있을까요? 왜 나무도 없는 이곳을 좋아할까요?"

그러자 비구가 대답했다.

"오랫동안 저 원숭이를 보아 왔는데, 두 가지 때문에 이곳에 와서 살고 있는 것 같습니다. 첫째, 숲속에는 식구들이 너무 많아 음식을 마음껏 먹지 못하기 때문이고 둘째, 숲속에선 밤낮 없이 나무를 오르내리느라 발바닥이 해어져 편히 쉴 수 없기 때문입니다."

두 사람이 이렇게 이야기를 나누는데 원숭이가 도로 숲으로 돌아가는 게 보였다. 사문으로 변신한 부처님이 비구에게 말했다.

"원숭이가 다시 숲으로 돌아가는 게 보입니까?"

"보입니다. 저 짐승이 숲을 떠나올 때는 언제고, 이제 와서는 어리석게도 시끄럽고 번거로운 숲속으로 돌아가고 있네요."

"당신도 저 원숭이와 다를 게 없지요. 당신은 원래 생사(生死)의 괴로움을 끊고자 집을 버리고 이곳에 와서 깨달음을 구했지요. 그런데 이제 와서는 집으로 돌아가 다시 족쇄와 쇠고랑을 차고 감옥에 들어가려 하고 있습니다."

부처님은 이 말씀을 마치고 원래의 부처님 모습을 드러내신 뒤, 그 비구에게 다음과 같은 시를 들려 주었다.

나무 뿌리가 깊고 튼튼하면
아무리 나무를 베어도 다시 나듯이
애욕(愛慾)을 다 버리지 못하면
도로 고통을 받게 마련이다.

원숭이가 숲을 나왔다가
다시 돌아가는 것처럼
사람들도 감옥에서 나왔다가
어리석게 다시 들어가네.

비구는 부처님의 환한 모습을 보며 이 시를 듣고 덜덜 떨며 온몸을 던져 참회했다. 그리고는 숲으로 돌아가 마음집중과 마음 챙김 수행을 하여 아라한의 깨달음을 얻었다.

- 〈법구비유경〉에서

58

天	雨	七	寶		欲	猶	無	厭
하늘 천	비 우	일곱 칠	보배 보		욕심 욕	오히려 유	없을 무	싫을 염
天	雨	七	寶		欲	猶	無	厭
天	雨	七	寶		欲	猶	無	厭
天	雨	七	寶		欲	猶	無	厭

33. 욕망   天雨七寶　欲猶無厭

하늘에서 칠보가 비 내리듯 쏟아져도
욕망은 오히려 싫증내는 법이 없다.

樂	少	苦	多		覺	者	爲	賢	
즐거울 락	적을 소	괴로울 고	많을 다		깨달을 각	놈 자	할 위	어질 현	
樂	少	苦	多		覺	者	爲	賢	
樂	少	苦	多		覺	者	爲	賢	
樂	少	苦	多		覺	者	爲	賢	

樂少苦多　覺者爲賢

(그러나 욕망으로 인한)
즐거움은 적고 괴로움이 많은 것을
깨닫는 사람이 현명하다.

둘째 왕비의 질투

옛날 코삼비국에 우다야나왕이 있었는데, 왕후가 행실이 어질고 깨끗하여 왕이 늘 공경했다. 어느 날, 왕은 부처님이 코삼비국에 오셨다는 말을 듣고, 수레를 타고 왕후와 함께 부처님 계신 곳으로 찾아가 절을 올리고 자리에 앉았다.

부처님은 왕과 왕비, 궁녀들을 위해 '모든 것은 무상하고 괴로우며 공(空)하다'는 것과 '사람이 태어나는 까닭'과 '만나면 헤어지고, 미워하는 사람과 만나는 괴로움'에 대하여 말씀하셨다. 그리고 '복을 지어 하늘에 태어나는 것'과, '나쁜 짓을 저질러 지옥에 떨어지는 것'에 대해서도 말씀하셨다. 왕과 왕비는 부처님 말씀을 기꺼이 믿고 이해한 뒤 오계(五戒)*를 받고 궁중으로 돌아갔다.

그때 어떤 브라만이 있었는데 세상에 비할 데 없이 예쁜 딸을 낳았다. 그 딸이 자라자 브라만은 딸을 누구에게 시집보낼까 고민했다.

'내 딸처럼 잘생긴 사람이 있으면 그에게 시집보내야지. 석가족의 사문(수행자) 고오타마가 세상에 드물게 빛나는 용모를 가진 사람이라고 하던데 내 딸을 그에게 시집보낼까?'

그는 곧 딸을 데리고 부처님 계신 곳에 찾아가 부처님께 말했다.

"내 딸은 세상에 비할 데 없이 예쁜 아이입니다. 시집을 보내려는데 세상에 짝이 될 사람이 없습니다. 고오타마님이 잘생겨서 짝이 될 수 있을 것 같아 딸을 데리고 왔습니다."

그러자 부처님이 그에게 말씀하셨다.

"당신의 예쁜 딸은 당신 집에서야 좋아하겠지만, 내가 좋아하는 것은 깨달은 사람들(붓다)이 좋아하는 것이오. 내가 좋아하는 것은 세상사람들이 좋아하는 것과 다르오. 눈·귀·코·입은 몸의 큰 도적이고, 얼굴이 예쁜 것은 몸의 큰 근심거리가 될 수 있소. 더구나 나는 사문이 되어 혼자 사는데 그것을 좋아할 리 있겠소? 그러니 딸을 데리고 가시오."

그러자 브라만은 화를 내며 그곳에서 나와 우다야나왕에게 찾아가 제 딸의 용모를 자랑하며 말했다.

"제 딸을 왕비로 맞이하시는 게 어떻습니까? 임금님께 바치겠습니다."

왕은 그 딸을 보고 기뻐하며 받아들여 둘째 왕비로 삼았다. 그런데 그 여자는 첫째 왕비를 질투하여 걸핏하면 모함을 했다. 왕이 그러지 말라고 나무랐지만 그 여자는 요염한 자태로 왕을 홀려 끊임없이 첫째 왕비를 모함했다. 그래서 결국 왕도 혹하여 어디 한번 지켜보자고 했다. 어느 날, 둘째 왕비가 왕에게 말했다.

"오늘 즐거운 잔치를 벌이는데 첫째 왕비더러 참석하라고 하십시오."

왕이 그 여자가 시킨 대로 명하자, 첫째 왕비는 재계(齋戒)를 지켜야 한다며 응하지 않았다. 세 번이나 거듭 불러도 오지 않자, 왕은 진노하여 첫째 왕비를 잡아오라고 했다. 그리고는 궁전 앞에 묶어 놓고 활을 쏘아 죽이려 했다. 하지만 첫째 왕비는 두려움 없이 한마음으로 부처님께 의지했다. 왕이 활을 쏘자 화살이 왕에게 되돌아왔다. 쏘고 또 쏘아도 똑같이 돌아왔다. 왕은 몹시 두려워 왕비를 풀어준 뒤 물었다.

"무슨 요술을 부려 이러는 것이오?"

"저는 오직 부처님을 섬기고 부처님의 가르침과 그걸 따르는 수행자들에게 귀의하여 아침에 공양을 올리고 오후에 금식하며 팔재계(八齋戒)*를 지켰을 뿐입니다. 그래서 틀림없이 부처님께서 이렇게 저를 보살피신 것 같습니다."

"아, 그랬군요. 왜 진작 말하지 않았소?"

왕은 곧 둘째 왕비를 쫓아내 제 부모에게 돌려보내고 첫째 왕비로 하여금 궁중을 잘 다스리게 하였다.

- 〈법구비유경〉에서

---

*오계(五戒) : 불자가 지키는 다섯 가지 계율. 첫째, 생명을 죽이지 않는다. 둘째, 남이 주지 않은 것을 갖지 않는다. 셋째, 간음하지 않는다. 넷째, 거짓말을 하지 않는다. 다섯째, 술을 마시지 않는다.

*팔재계(八齋戒) : 재가 불자가 한 달에 열흘 동안 하루 종일 지키는 계율. 오계에 세 가지를 더해 지킨다. 치장하고 노래하고 춤추지 않는 것, 높고 넓은 자리에 눕거나 앉지 않는 것, 때가 아니면 음식을 먹지 않는 것(오후 금식) 등 세 가지다.

比	丘	爲	慈		愛	敬	佛	敎	
도울 비	언덕 구	할 위	사랑 자		사랑 애	공경 경	부처 불	가르칠 교	
比	丘	爲	慈		愛	敬	佛	敎	
比	丘	爲	慈		愛	敬	佛	敎	
比	丘	爲	慈		愛	敬	佛	敎	

34. 수행자　　　　　比丘爲慈　愛敬佛敎

참 수행자(비구)는 자비(慈悲)를 실천하고
부처님의 가르침을 사랑하고 공경한다.

深	入	止	觀		滅	行	乃	安	
깊을 심	들 입	그칠 지	볼 관		사라질 멸	행할 행	이에 내	편안할 안	
深	入	止	觀		滅	行	乃	安	
深	入	止	觀		滅	行	乃	安	
深	入	止	觀		滅	行	乃	安	

深入止觀　滅行乃安

(그는) 마음 집중과 마음 챙김에 깊이 들어가 잘못된 행위가 사라져 편안하다.

*마음 집중[止] : 마음을 고요히 집중하는 수행.
*마음 챙김[觀] : 몸과 느낌과 마음과 마음의 대상을 잘 관찰하여 알아차리는 수행.

미녀에게 홀린 비구

　부처님이 사밧티의 수행처에 계실 때의 일이다. 그때 한 젊은 비구가 아침에 음식을 빌러 마을에 들어갔다.

　그 마을 큰길가에 채소밭이 있었는데 바깥의 수풀 속에 화살 그물이 설치되어 있었다. 만일 짐승이나 도둑이 쳐들어와 이 그물에 접촉하면 화살이 발사되도록 장치가 되어 있었다. 그런데 한 아리따운 젊은 여자가 혼자서 이 채소밭을 지키고 있었다. 그 여자가 가끔 슬픈 노래를 부르면 그 소리가 어찌나 고운지 모두들 수레나 말을 세우고 노래를 들었다.

　그 젊은 비구도 음식을 빌고 돌아가는 길에 그 노래를 듣고 마음이 혼미해졌다. 그는 그 여자가 보고 싶어 앉았다 일어섰다 빙빙 돌다 안절부절 못했다. 그 자리를 떠나 돌아가는 길에도 마음이 황홀하여 손에서 석장(錫杖)을 놓치고 가사가 흘러내려도 알아차리지 못했다.

　부처님은 그 비구가 조금 더 가면 그물에 닿아 화살에 맞아 죽을 것을 신통력으로 내다보시고, 어리석은 그를 가엾이 여겨 구해내고자 세속인으로 변신하셨다. 그리고는 그 곁에 다가가 시(詩)로 꾸짖었다.

　사문으로서 무엇을 하든지
　자신을 단속하지 않고 마음대로 하면
　걸음걸음 잡념이 달라붙어
　그 생각대로만 치달리게 되리라.

　가사를 어깨에 걸쳤어도
　추악한 마음 버리지 못하면
　악행을 저지르는 이가 되어
　나쁜 길에 떨어지게 되리라.

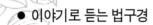

게으른 수행자는
유혹을 떨쳐버리지 못해
청정한 수행을 하지 않으니
어찌 큰 보배가 될 수 있으랴.

부처님이 이 시를 읊고 나서 본모습을 드러내시자, 광명이 온누리를 비추어 사
람들이 저마다 정신을 차렸다. 비구도 부처님을 뵙고 마음이 열려 어둠 속에서 빛
을 찾은 것 같았다. 그는 온몸을 던져 부처님께 절을 올린 뒤 머리를 땅에 찧으며
참회했다. 그리고는 부처님을 따라 수행처로 돌아가 부지런히 수행하여 아라한이
되었다.

- 〈법구비유경〉에서

연습문제

1. 다음 한자어의 음을 써 보세요.
   ① 放逸(　　　)　　　② 地獄(　　　)　　　③ 彼岸(　　　)

   ④ 七寶(　　　)　　　⑤ 苦樂(　　　)　　　⑥ 守心(　　　)

2. 다음 뜻에 해당하는 한자어를 써 보세요.
   ① 집을 떠나(출가하여) 수행하는 남자 스님을 가리키는 말… (　　　)
   ② 마음을 고요히 거두어 집중하는 수행(마음 집중)과 깨어 있는 마음으로 알아차리는 수행(마음 챙김)을 뜻하는 말 …………… (　　　)

3. 법구경의 게송(시)을 한자음으로 읽고 풀이해 보세요.
   ① 自守其心　非法不生

   음 : _____

   풀이 : _____

   _____

   ② 貪爲敗處故　害人亦自害

   음 : _____

   풀이 : _____

   _____

정답
1. ① 방일 ② 지옥 ③ 피안 ④ 칠보 ⑤ 고락 ⑥ 수심
2. ① 比丘 ② 衆止觀
3. ① 47쪽 참조 ② 56쪽 참조

日	照	於	晝		月	照	於	夜	
해 일	비출 조	어조사 어	낮 주		달 월	비출 조	어조사 어	밤 야	
日	照	於	晝		月	照	於	夜	
日	照	於	晝		月	照	於	夜	
日	照	於	晝		月	照	於	夜	

35. 도인   日照於晝 月照於夜

해는 낮에 빛나고
달은 밤에 빛나네.

甲	兵	照	軍		禪	照	道	人	
갑옷 **갑**	병기 병	비출 조	군사 군		고요할 선	비출 조	길 **도**	사람 인	
甲	兵	照	軍		禪	照	道	人	
甲	兵	照	軍		禪	照	道	人	
甲	兵	照	軍		禪	照	道	人	

甲兵照軍　禪照道人

군사는 갑옷과 무기로 빛나고
도인은 선정(마음집중)으로 빛나네.

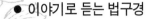

참다운 브라만

  옛날 사하첩국에 사휴차타산이라는 큰 산이 있었다. 그 산에는 브라만 5백 여 명이 있었는데 모두 신통력이 있었다. 그들은 "우리가 얻은 것이 바로 열반(괴로움의 소멸)이다"고 말했다.

  부처님이 세상에 나오시어 처음 법북[法鼓]을 울리고 감로문(甘露門)을 여셨을 때(진리를 말씀하셨을 때), 그들은 그 소식을 듣고도 가보지 않았다. 부처님은 홀로 그들을 찾아가셨다. 그리고 그 산길 어귀 어떤 나무 아래 앉아 삼매에 드셨다. 그러자 산불이 난 것처럼 몸에서 나온 빛이 온 산을 환히 비추었다.

  브라만들은 두려운 나머지, 주문을 외워 물로 그 불을 끄려고 신통력을 다 써보았지만 끌 수 없었다. 그들은 괴이하게 여겨 산에서 내려왔다. 멀리 나무 아래 앉아 좌선하고 계신 부처님이 보였다. 마치 해가 황금산 옆에서 뜨는 것 같은 모습에 얼굴이 별들 가운데 달처럼 환했다.

  그들은 '도대체 어떤 신일까?' 하고 다가왔다. 부처님이 그들에게 앉으라 하시고 어디서 오느냐고 물으시자, 그들은 대답했다.

  "우리는 오래 전부터 이 산속에서 도를 닦아 왔는데, 아침에 갑자기 산불이 일어난 것 같아 무서워서 달려 나왔습니다."

  부처님은 그들에게 말씀하셨다.

  "이것은 행복의 불이오. 사람을 태우는 불이 아니라 여러분의 어리석은 번뇌를 태우는 불이오."

  브라만들은 서로 돌아보며 말했다.

  "이 사람은 어떤 도사일까? 일찍이 이런 도사는 없었다. 일찍이 들으니 슛도다나 왕의 아들 싯다르타가 왕위를 좋아하지 않고 깨달은 사람(붓다)이 되고자 출가했다던데, 바로 이 사람인가 보다. 이 사람에게 브라만의 법이 진리인지 한번 물어보자."

  그들은 부처님께 질문했다.

"브라만의 경전에 '네 가지 걸림 없는 법'이 있습니다. 첫째는 천문(天文)이고, 둘째는 지리(地理)입니다. 셋째는 왕이 나라를 다스리고 백성을 거느리는 법이고, 넷째는 아흔여섯 가지 도술입니다. 이것이 열반의 법 아닙니까?"

부처님은 그들에게 대답하셨다.

"잘 듣고 생각해 보시오. 지금은 비록 깨달음과 열반을 얻었지만, 나도 전생에는 수없는 세월 동안 그 경전을 배우고 수행하여 다섯 가지 신통력을 얻었으면서도, 셀 수 없이 태어나고 죽기를 거듭하며 열반을 얻지 못했소. 또한 깨달음을 얻은 이가 있다는 말도 듣지 못했소. 여러분이 그러한 수행을 한다면 참다운 브라만이라 할 수 없소."

부처님은 다시 다음과 같은 시를 들려주셨다.

머리카락을 묶었다 하여
브라만이라 할 수는 없네.
진실한 수행, 참다운 수행으로
맑고 밝아야 현자(賢者)라 할 수 있네.

애욕과 분노와 어리석음
교만함과 모든 악(惡)을 버리기를
뱀이 허물 벗듯 하는 사람
이 사람을 브라만이라 할 수 있네.

부처님은 이 시를 읊고 나서 그들에게 말씀하셨다.

"여러분은 자칭 열반을 얻었다고 하지만, 그것은 조금 고인 물의 고기 같은데 어떻게 안락할 수 있겠소?"

그러자 그들은 꿇어앉아 부처님께 청했다.

"제자가 되고 싶습니다."

- 〈법구비유경〉에서

71

若	已	解	法	句	至	心	體	道	行
만약 약	이미 이	풀 해	법 법	글귀 구	지극할 지	마음 심	몸 체	길 도	행할 행
若	已	解	法	句	至	心	體	道	行
若	已	解	法	句	至	心	體	道	行
若	已	解	法	句	至	心	體	道	行

36. 괴로움의 소멸　　若已解法句　　至心體道行

*도행(道行) : 불도(佛道)의 수행

만약에 이미 진리의 시를 이해했다면
지극한 마음으로 도행을 체득하라.

是	度	生	死	岸	苦	盡	而	無	患
이 시	건널 도	날 생	죽을 사	언덕 안	괴로울 고	다할 진	말이을 이	없을 무	근심 환
是	度	生	死	岸	苦	盡	而	無	患
是	度	生	死	岸	苦	盡	而	無	患
是	度	生	死	岸	苦	盡	而	無	患

是度生死岸　苦盡而無患

이것이 생사(生死)의 언덕에서 건너가
괴로움이 다하고 근심이 없어지는 길이다.

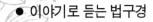

나라가 망하지 않는 법

부처님이 라자그리하의 독수리산에서 비구 1,250명과 함께 계실 때의 일이다.

그때 마가다국의 왕 아자타샷투는 작은 나라 오백 개를 지배하고 있었다. 그런데 마가다국 가까이에 있는 밧지국이 마가다국 왕의 명령에 따르지 않았다. 아자타샷투는 대신들을 불러 의논했다.

"밧지국 사람들은 부유하고 행복하며 보물이 많이 나온다는데 나에게 굴복하지 않고 있다. 군대를 보내 그 나라를 칠 수 있겠는가?"

"예, 그렇습니다."

그 나라 승상 우사가 대답하자, 왕은 그에게 명령했다.

"여기서 멀리 떨어지지 않은 곳에 부처님이 계시는데, 거룩하고 도리에 밝아 모르는 일이 없다고 한다. 그대는 부처님 계신 곳에 가서 모두 물어 보아라. 우리가 밧지국을 치려 하는데 이길 수 있겠는지."

우사는 왕명을 받들고 즉시 마차를 타고 부처님의 수행처로 가서 머리를 땅에 대고 부처님께 절하였다. 부처님이 앉으라고 하시자 그는 자리에 앉았다. 부처님이 그에게 물으셨다.

"승상은 무슨 일로 오셨소?"

"국왕께서 보내서 왔습니다. 부처님의 기거(起居)와 식사가 괜찮으신지 문안드리라고 하셨습니다."

"왕과 나라의 백성들과 신하들은 모두 평안하시오?"

"국왕으로부터 백성에 이르기까지 모두 부처님 은혜를 입고 있습니다. 그런데 국왕께서는 밧지국을 싫어하여 정벌하려 하십니다. 부처님 생각에는 어떻습니까? 마가다국이 밧지국을 이길 수 있겠습니까?"

"밧지국 사람들은 일곱 가지 법을 실천하고 있소. 그러니 그 나라를 이길 수 없을 것이오. 왕에게 잘 생각하여 함부로 전쟁을 일으키지 말라고 하시오."

"일곱 가지 법이란 무엇입니까?"

"밧지국 사람들은 첫째, 늘 자주 모여 바른 법에 대하여 의논하고 있소. 둘째, 지도자와 관리들이 항상 화목하고 맡은 일을 성실하게 하며, 지도자의 잘못을 충고하며, 서로 존중하고 있소. 셋째, 법을 받들어 남의 것을 가지는 일도 버리는 일도 없고, 잘못을 저지르지 않으며, 위아래가 상식을 잘 따르고 있소. 넷째, 예의를 지켜 서로 공경하는데, 남자와 여자, 어른과 아이가 예의를 잃지 않고 서로 존중하고 있소. 다섯째, 효도를 다해 어버이를 봉양하고, 겸손하게 스승과 어른을 공경하며, 교육을 받고 가르치는 것을 나라의 법으로 삼고 있소. 여섯째, 하늘을 받들고 땅을 본받으며, 사직(社稷)을 공경하고 사철에 따라 농사를 부지런히 짓고 있소. 일곱째, 도(道)와 덕(德)이 있는 사람을 존경하여, 그 나라에 있는 사문(수행자)이나 깨달음을 얻은 아라한(성자)이나 멀리서 온 사람들에게 옷과 침대와 의약품을 제공하고 있소. 이 일곱 가지 법을 실천하면 나라가 결코 위태롭게 되지 않나니, 온 천하의 군대가 함께 치더라도 결코 이길 수 없을 것이오."
　부처님은 이어서 시를 들려주셨다.

　전쟁의 승리란 믿을 것이 못 되네.
　이기더라도 다시 괴로워지게 마련.
　그러니 진리의 승리를 구하라.
　이 승리를 얻으면 생사(生死)가 없으리라.

　우사는 부처님의 시를 듣고 깨우쳤다. 그는 자리에서 일어나 부처님께 하직 인사를 올리고 돌아갔다. 그가 왕에게 부처님의 말씀을 자세히 전하자, 왕은 밧지국을 치려던 계획을 중지하고 부처님의 가르침을 받들어 나라를 다스렸다.

- 〈법구비유경〉에서

當	其	死	臥	地	猶	草	無	所	知
마땅할당	그기	죽을사	누울와	땅지	같을유	풀초	없을무	바소	알지
當	其	死	臥	地	猶	草	無	所	知
當	其	死	臥	地	猶	草	無	所	知
當	其	死	臥	地	猶	草	無	所	知

37. 태어남과 죽음   當其死臥地   猶草無所知

죽음을 당해 땅에 누우면
마치 아무도 모르는 잡초와 같으니

76

觀	其	狀	如	是	但	幻	而	愚	貪
볼 관	그 기	형상 상	같을 여	이 시	다만 단	곡두 환	말이을 이	어리석을 우	탐할 탐
觀	其	狀	如	是	但	幻	而	愚	貪
觀	其	狀	如	是	但	幻	而	愚	貪
觀	其	狀	如	是	但	幻	而	愚	貪

觀其狀如是　但幻而愚貪

형상이란 환상일 뿐임을 알아야 하는데
어리석은 사람은 그것을 탐하네.

나무에서 떨어져 죽은 신랑

부처님이 사밧티의 제타숲에 있는 수행처에서 교화하고 계실 때의 일이다. 그 나라에 어떤 부유한 브라만 장자(長者)가 살고 있었는데 그에게는 스무 살 난 외아들이 있었다. 그 아들은 신혼이었는데 부부가 서로 매우 사랑했다.

때마침 춘삼월이라 부부는 손을 잡고 후원에 놀러갔다. 높고 큰 벚나무에 꽃이 아름답게 피어 있는 걸 보고 아내는 꽃을 갖고 싶었다. 그래서 남편은 아내를 위해 꽃가지를 꺾으려고 나무에 올라갔다. 그런데 가지 하나를 꺾고 나서 하나를 더 꺾으려고 높이 올라가다가 가느다란 가지를 디뎌 가지가 부러지는 바람에 떨어져 죽고 말았다.

아내는 물론, 온 집안사람들이 어른 아이 할 것 없이 슬피 울었다. 친척들도 수없이 찾아와 모두들 가슴 아파했고, 그 소식을 들은 사람들도 마음 아파하지 않는 이가 없었다. 그의 부모와 아내는 하늘을 원망했다. 그의 주검에 옷을 입히고 입관하여 장례를 치르고 집으로 돌아와서도 계속 울었다.

부처님은 그들을 가엾게 여겨 찾아가셨다. 그 가족들은 부처님을 뵙자 절을 올리고 슬픔과 괴로움을 호소했다. 그러자 부처님은 장자에게 말씀하셨다.

"그만 슬퍼하고 가르침을 들으시오. 모든 것은 무상(無常)하여 영원할 수 없소. 태어나면 죽음이 있고, 죄와 복은 서로 따르는 법이오."

부처님은 그들에게 다음과 같은 시를 들려주셨다.

목숨은 마치 꽃과 열매 같네.
늘 떨어질까 무서워하지.
그러나 이미 태어난 이에겐 괴로움이 있게 마련
어느 누가 죽지 않을 수 있겠는가.

장자는 이 시를 듣고 마음이 열려 근심을 잊고 꿇어앉아 부처님께 여쭈었다.

"제 아이가 전생에 무슨 죄를 지었기에 이렇게 한창때 죽은 겁니까?"

부처님이 장자에게 말씀하셨다.

"옛날 한 아이가 활을 들고 숲속에 들어가 놀았소. 그 아이 곁에 세 사람이 있었는데, 아이가 나무 위의 참새를 보고 활을 쏘려고 하자 그들은 아이에게, '저 참새를 맞히면 세상 사람들이 씩씩한 사나이라고 칭찬할 것이다'고 말했다.

그러자 아이는 기뻐하며 활을 쏘아 참새를 맞혔다. 참새가 죽어 땅에 떨어지자, 세 사람은 웃으면서 그 아이를 기쁘게 해주고 각자 돌아갔다. 그러나 그 뒤로 그들은 수없는 세월 동안 생사(生死)를 거듭하면서, 날 적마다 서로 만나 그 죄의 과보(果報)를 받았다.

- 〈법구비유경〉에서

見	正	能	施	惠	仁	愛	好	利	人
볼 견	바를 정	능할 능	베풀 시	은혜 혜	어질 인	사랑 애	좋아할 호	이로울 리	사람 인
見	正	能	施	惠	仁	愛	好	利	人
見	正	能	施	惠	仁	愛	好	利	人
見	正	能	施	惠	仁	愛	好	利	人

38. 바른 길의 이익   見正能施惠   仁愛好利人

바른 길을 알고 은혜를 베풀며
사람을 사랑하고 이롭게 하는 일을 좋아해

旣	利	以	平	均	如	是	衆	附	親
이미 기	이로울 리	써 이	평평할 평	고를 균	같을 여	이 시	무리 중	붙을 부	친할 친
旣	利	以	平	均	如	是	衆	附	親
旣	利	以	平	均	如	是	衆	附	親
旣	利	以	平	均	如	是	衆	附	親

旣利以平均　如是衆附親

공평하게 이익을 안겨주면
사람들은 저절로 가까이 따른다.

흰머리가 보이거든

부처님이 바라나시의 사슴동산에서 교화하고 계실 때의 일이다. 그 때 큰 나라의 태자가 작은 나라의 왕자 5백여 명과 함께 부처님 계신 곳에 찾아와 절을 올리고 한쪽에 물러앉아 가르침을 들었다.

부처님은 그들에게 다음과 같은 이야기를 들려주셨다.

나는 전생에 전륜성왕(轉輪聖王)이었다. 화려한 궁궐과 목욕탕과 놀이동산을 가지고 있었고, 신하·왕자·왕후·궁녀·코끼리·말·주방장도 수없이 많았다. 어느 날 전륜성왕은 이런 생각을 했다.

'사람의 목숨은 짧고 무상하여 보전하기 어렵다. 그러니 지금이라도 복을 지어 참다운 도를 구하자. 이 세상의 백성들에게 보시할 생각을 하여, 내가 가지고 있는 재물을 백성들에게 모두 나누어 주고 백성과 더불어 살아야겠다. 그리고는 궁궐을 떠나 사문(수행자)이 되리라. 그래서 탐욕을 끊어버리면 모든 괴로움을 없앨 수 있을 것이다.'

전륜성왕은 곧 이발사에게 명령했다.

"만일 내 머리에 흰머리가 보이거든 곧바로 알려주라."

그 후 이발사가 왕에게 흰머리가 났다고 아뢰자, 왕은 흰머리를 뽑게 한 뒤 그것을 책상 위에 올려놓고 보면서 눈물 흘리며 말했다.

"첫 번째 저승사자가 갑자기 왔구나. 머리가 이미 희어졌으니, 궁궐을 떠나 사문이 되어 깨달음을 구해야겠다."

그리고는 흰머리를 손바닥에 놓고 다음과 같은 시를 읊었다.

지금 내 머리에
흰머리가 생겨 목숨을 도둑맞았네.
저승사자가 나를 부르니
출가하기 좋은 때일세.

전륜성왕은 곧 신하들을 불러 태자에게 왕위를 물려준 뒤, 사문이 되어 산으로 들어가 도를 닦았다.

- 〈법구비유경〉에서

多	聞	如	戒	行	法	律	精	進	學
많을 다	들을 문	같을 여	경계할 계	행할 행	법 법	법 률	면밀할 정	나아갈 진	배울 학
多	聞	如	戒	行	法	律	精	進	學
多	聞	如	戒	行	法	律	精	進	學
多	聞	如	戒	行	法	律	精	進	學

39. 행복   多聞如戒行   法律精進學

(부처님의) 가르침을 많이 듣고 계율대로 실천하며
진리를 배우는 일에 정진(노력)하며

修	己	無	所	爭	是	爲	最	吉	祥
닦을 수	몸 기	없을 무	바 소	다툴 쟁	이 시	할 위	가장 최	길할 길	상서로울 상
修	己	無	所	爭	是	爲	最	吉	祥
修	己	無	所	爭	是	爲	最	吉	祥
修	己	無	所	爭	是	爲	最	吉	祥

修己無所爭　是爲最吉祥

자기를 닦아 다툼이 없으면
이것이 최고의 행복이다.

최고의 행운

부처님이 라자그리하의 기자쿠타산에서 교화하고 계실 때의 일이다. 그 때 그 산 남쪽의 갠지스강 가에 니간타라는 브라만이 있었다. 그는 세상 이치를 널리 통달하여 아는 것이 많고, 다섯 가지 신통력을 지니고 있어 옛 일이나 지금 일을 훤히 알았다.

그는 제자 5백 명을 가르치고 있었는데, 하루는 그 제자들이 물가에 서 둘러앉아 이야기를 나누었다.

"이 세상 모든 나라 사람들이 하는 일 가운데 어떤 일이 세상의 행운일까?"

그들은 결국 답을 찾지 못하고 자기네 스승의 처소로 가서 스승에게 물었다.

"저희들은 스승님께 오랫동안 배웠지만, 이 세상 모든 나라에서 무엇을 행운이라 하는지에 대해서는 들은 적이 없습니다."

그러자 니간타가 제자들에게 말했다.

"이 지상에는 열여섯 개의 큰 나라와 수없이 많은 작은 나라가 있는데, 그 나라에는 제각기 행운으로 여기는 것들이 있다. 금·은·수정·유리·신비한 구슬 등을 행운으로 여기거나, 코끼리·말·수레·미녀·산호·음악·봉황·공작 등을 행운으로 여기기도 하며, 해·달·별·꽃·브라만·도사 등을 행운으로 여기기도 한다. 이런 것들은 다 그 나라에서 좋아하고 기뻐하는 것들이다. 사람들은 이런 것들을 보면 좋다고 찬탄한다. 이런 것들이 그 나라의 행운이다."

"그보다 더 뛰어난 행운은 없습니까? 저희 몸에 유익하고 사후에는 하늘나라에 태어나는 행운 말입니다."

"아직은 이런 것들보다 더 뛰어난 것을 본 적이 없다. 책에도 없고."

"근래에 들으니 석가족 청년이 출가하여 6년 동안 단정히 앉아 도를 닦아 악마를 항복받고 부처가 되어 모든 것을 통달하여 걸림이 없다고 합니다. 한번 같이 가서 물어 보고, 그가 얼마나 아는지 캐 보면 좋겠습니다. 스승님께서는 어떻습니까?"

"좋다."

그래서 니간타와 그의 제자 5백여 명은 산길을 걸어 부처님 계신 곳에 찾아가 부처님께 절한 뒤 이렇게 여쭈었다.

"모든 나라에서 좋아하는 행운은 이러이러한 것들인데, 이런 것들보다 더 뛰어난 것이 있습니까?"

부처님이 그들에게 말씀하셨다.

"여러분이 말하는 세상의 것들은 순응하면 행운이 되지만 거스르면 불행이 될 뿐이오. 그러므로 그런 것들은 사람의 정신을 괴로움에서 건져낼 수 없소. 참다운 행운이란, 진리의 가르침을 실천하여 윤회의 세계에서 벗어나 열반에 이르는 것이오.

올바른 가르침을 믿고 좋아하는 것이 최고의 행운이요, 신에게 기도하여 요행을 바라지 않는 것이 최고의 행운이요, 현명한 사람을 벗 삼고 항상 복덕(福德)을 우선으로 여겨, 곧고 바르게 행동하는 것이 최고의 행운이오. 나쁜 짓을 버리고 좋은 일을 하며 술을 피하여 절제할 줄 알며 애욕에 빠지지 않는 것이 최고의 행운이요, 어버이를 효도로 섬기고 처자식을 부양하며 실없는 행동을 하지 않는 것이 최고의 행운이오.

교만하지 않고 잘난 체하지 않으며, 만족할 줄 알고 반성할 줄 알며, 경전을 자주 외우고 익히는 것이 최고의 행

운이요, 나쁜 말을 들어도 늘 참고, 수행자 만나는 것을 좋아하며 그 가르침을 듣고 받아들이는 것이 최고의 행운이오. 팔재계를 지키고 깨끗한 수행을 하며 항상 현명한 사람을 만나 의지하는 것이 최고의 행운이요, 도와 덕이 있는 사람을 믿고 바른 마음으로 배워 의문을 풀고 세 가지 나쁜 세계에서 벗어나고자 하는 것이 최고의 행운이오.

평등한 마음으로 보시를 하며, 깨달음을 얻은 이들을 받들며, 하늘과 사람을 공경하는 것이 최고의 행운이요, 탐욕과 어리석음과 성난 마음을 버리고 깨달은 이의 견해를 배우고 익히는 것이 최고의 행운이오. 해야 할 일이 아닌 것은 버리고 깨달음의 길을 부지런히 닦아 늘 옳은 일을 하는 것이 최고의 행운이요, 온 세상 모든 생명을 위해 큰 자비심을 내어 뭇사람과 뭇생명을 편안하게 해주는 것이 최고의 행운이오."

니간타와 그 제자들은 부처님의 이 가르침을 듣고 마음이 열려 매우 기뻐하면서 부처님의 제자가 되기를 청하였다.

- 〈법구비유경〉에서

연습문제

1. 다음 한자어의 음을 써 보세요.

① 吉祥(　　) ② 法句(　　) ③ 晝夜(　　)

④ 道人(　　) ⑤ 至心(　　) ⑥ 多聞(　　)

2. 다음 뜻에 해당하는 한자어를 써 보세요.

① 올바른 견해를 뜻하는 말 ……………………………… (　　)

② 계율을 실천하는 수행을 뜻하는 말 ………………………… (　　)

3. 법구경의 게송(시)을 한자음으로 읽고 풀이해 보세요.

① 甲兵照軍　禪照道人

음 : _____

풀이 : _____

　　　 _____

② 見正能施惠　仁愛好利人

음 : _____

풀이 : _____

　　　 _____

정답
1. ① 길상 ② 법구 ③ 주야 ④ 도인 ⑤ 지심 ⑥ 다문
2. ① 正見 ② 戒行
3. ① 69쪽 참조 ② 80쪽 참조

● 회향 발원문

사경한 날짜 :

사경한 사람 :

나의 발원 :

이 경전을 읽고 쓴 공덕으로 이웃과 모든 생명들이
저희들과 더불어 평안하고 깨달음 얻기를 바라옵니다.
갈라진 우리 겨레 하나 되고 온 세계 평화롭기를 기원합니다.